O NASCIMENTO DE JESUS
E OUTRAS HISTÓRIAS DA BÍBLIA

Ciranda Cultural

A CRIAÇÃO DO MUNDO

QUANDO NADA EXISTIA, DEUS CRIOU O UNIVERSO EM SETE DIAS.
ALÉM DO DIA E DA NOITE, ELE TAMBÉM CRIOU PLANTAS E ANIMAIS
DE TODAS AS ESPÉCIES E SEPAROU AS ÁGUAS E O CÉU.

AS ÚLTIMAS CRIAÇÕES DE DEUS FORAM O HOMEM, ADÃO, E A MULHER, EVA. DEUS TAMBÉM CRIOU O JARDIM DO ÉDEN, LUGAR ONDE OS DOIS VIVIAM.

DAVI

DAVI ERA FILHO DE UM HOMEM RICO E RESPEITADO NA CIDADE DE BELÉM. O MENINO FOI CRIADO COMO PASTOR DE OVELHAS E LOUVAVA A DEUS COM SALMOS, ENQUANTO CUIDAVA DOS ANIMAIS.

A PROFISSÃO DE DAVI DEU A ELE MUITAS QUALIDADES, COMO DEDICAÇÃO E CUIDADO COM O PRÓXIMO. ELE, O MAIS NOVO DE OITO IRMÃOS, ERA BEM JOVEM QUANDO FOI ESCOLHIDO POR DEUS PARA SER O REI DE ISRAEL.

O NASCIMENTO DE JESUS

CERTO DIA, MARIA RECEBEU A VISITA DO ANJO GABRIEL. ELE
DISSE QUE ELA ERA A ESCOLHIDA PARA SER A MÃE DE JESUS.
MARIA CONFIAVA MUITO EM DEUS E SABIA QUE TUDO VINDO
DELE ERA BOM, POR ISSO RECEBEU A NOTÍCIA COM ALEGRIA.

O ANJO TAMBÉM APARECEU PARA JOSÉ, O NOIVO DE MARIA, E
CONTOU A NOVIDADE PARA ELE. O CARPINTEIRO ACEITOU CUIDAR
DO MENINO, ENTÃO, COM MARIA, VIAJOU ATÉ BELÉM. LÁ NASCEU
JESUS, QUE FOI COLOCADO EM UMA MANJEDOURA.

NAQUELA NOITE, UM ANJO APARECEU E AVISOU AOS
PASTORES NO CAMPO QUE JESUS, O SALVADOR E AQUELE
QUE ESPALHARIA O AMOR NA TERRA, HAVIA NASCIDO.